Passionnément !

SACHA BARAULT

PASSSIONNÉMENT

TOME III

COLLECTION L'HIPPOCAMPE

Du même auteur :

...plaisir à qui me frôle !
Jamais blanc !

« Le code de la propriété intellectuelle et artistique n'autorisant, aux termes des alinéas 2 et 3 de l'article L.122-5, d'une part, que les « copies ou reproductions strictement réservées à l'usage privé du copiste et non destinées à une utilisation collective » et, d'autre part, que les analyses et les courtes citations dans un but d'exemple et d'illustration, « toute représentation ou reproduction intégrale, ou partielle, faite sans le consentement de l'auteur ou de ses ayants droit, est illicite » (alinéa 1er de l'article L.122-4).

Cette représentation ou reproduction, par quelque procédé que ce soit, constituerait donc une contrefaçon sanctionnée par les articles 425 et suivants du code pénal. »

© 2024 Sacha BARAULT

Édition : BoD • Books on Demand GmbH, In de Tarpen 42, 22848 Norderstedt (Allemagne)

Impression : Libri Plureos GmbH, Friedensallee 273, 22763 Hamburg (Allemagne)

ISBN : 978-2-3225-5642-7

Dépôt légal : Septembre 2024

Avant que le temps n'épuise la mémoire, avant que se termine l'émotion, pendant que le cœur bat encore de ces secondes, il faut écrire chaque instant.

Je vis avec intensité le pire et le meilleur, gardant toute la place pour la douceur, tout vient s'ajouter au livre perpétuel.

Je n'ai voulu ni table des matières ni chapitre, comme une promenade dans l'horizon des mots vers l'intensité de la vie.

Passionnément !

Sacha

A Véronique

Le cours de la vie

J'ai pas fini, j'veux pas qu'ce soit fini,
J'veux des amis et des airs de musique,
À gueuler dans la nuit,
Pour faire peur à la mort,
Et du vin de Bourgogne,
À s'inonder l'âme,
De l'oubli du morose,
Des éclats de rire, des fleurs de Pologne,
Et ma femme sur les genoux,
Du temps à boire, de l'amour à chanter,
De l'amour à bouffer comme un loup,
Affamé,
Des étoiles pour éclairer l'ivresse,
Et qu'on fasse des chapelets de tendresse,
Pour crier au bon dieu qu'c'est ici,
Qu'on veut être heureux,
J'veux t'aimer à gorge déployée,
Ta clope fumante dans une main,
Et dans l'autre la mienne,
Un anneau en lien,
Et rugir de plaisir,
Comme un forçat de l'envie,
J'veux d'l'amour, putain, du fort,
Du costaud, qui colle aux dents,
Du rouge à lèvres qui fait marrer les copains,
À la table des joyeux j'veux m'assoir,
A ton bras,
Et qu'plus jamais nos verres soient vides,

J'veux t'aimer à t'en donner l'tournis,
Qu'à la fin de la fête, enfin rassasiés,
De vie, d'enfants et de chiens,
Sur la table on ne laisse rien,
Surtout pas des souvenirs d'amertume,
J'veux pas crever les bras nus,
De toi, d'amis, et aussi d'inconnus,
Et même si ce sont les derniers,
Que la fête commence, rallumez les feux,
Qu'elle ne termine qu'à l'orée de la colline,
Pour que je parte de toi,
Le cœur léger et l'esprit sans émoi,
Qu'les yeux fermés, j'te vois penchée,
Sur mon visage rassuré,
J'veux pas qu'ce soit fini.

Sacha

Foutue victoire

Ce soir mon amour,
Je suis venu boire tout mon soûl,
Boire tout,
Ma douleur, les honneurs,
L'ivresse de cette victoire,
Ce soir mon amour,
Je suis venu perdre ma mémoire,
Les visages, les paroles,
Éteindre le feu, calmer le verbe,
Boire.
Ce soir mon amour,
Je suis revenu à la maison,
Retrouver la solitude, penser l'incertain,
Parler de rien, ignorer le destin,
Boire.
Ce soir mon amour,
C'est une fête solitaire, une évasion,
Dans ce vacarme heureux,
Isolé par la musique et les cris de joie,
Brulé d'alcool qui n'enivre pas,
Je connais la frustration du succès,
Le manque, le vide de l'après,
Boire.
Je me prends à aimer les visages absents,
Comme un soldat vainqueur,
Qui a tant aimé la valeur,

De ceux qui sont restés sur le champ,
Boire, ce soir, mon amour,
L'amertume du manque, déjà,
Foutue victoire.

Robion

Rescapé,

Survivant,
Échappé de la faux, fleur sauvage,
Rebelle, bleu,
Comme un ciel de regain, sage,
Clochant des graines de peu,
Des espoirs de demains lumineux,
Utopiste sans inquiétude, de passage,
Naïf volontaire à coup sûr,
Sourires et bonjours en voilà, des pleines blessures,
I'm be back, comme disait l'autre,
Je sais, à quand le faire-part final ?
Pas d'urgence, nous serons tous des nôtres,
Va savoir, là encore, je planque mon fanal,
Jusqu'au bout de mes os,
Même dans les champs de navets,
Du tourisme de masse, je me défausse,
Farouchement, je refuse le banal,
La liberté,
C'est mon point cardinal,
Je suis un rescapé.

L'Isle-sur-La Sorgue

De saisons apaisées en plaines d'ivoire,
Traînant mon âme,
Ou jubilant des victoires,
De riantes vallées en orages naissants,
Le regard vers tes yeux,
Et le cœur aux abords de tes rêves,
J'irai de maintenant en maintenant.

Liberté, joyeux chemin d'errance,
Papillonnant de fleurs en calices,
Lorsque les pétales sont délices,
L'alternative est d'amour ou de chance.

La volée

J'avais vu, dans un village du Maine,
Un brave curé recueillir les âmes en peine,
En sonnant les cloches à la volée.
Si je ne reconnais pas son maître,
Il est vrai que son dévouement était sincère.
Alors,
Pendard et voleur de cœur,
J'avais de longue date abandonné
La raison et la vertu pour épouser ce rôle,
Je me suis fait petit abbé,
Un genou à terre, je t'adorais déjà en idole,
Je sonnais les cloches à la volée.
Quand,
De cette pluie et ce brouillard,
Toxine et dégueuloir,
Cernée de toute part, épuisée d'épreuves,
Mais le noir te va si mal,
Quoiqu'en disent les couleuvres,
Dans cette petite église au toit malhabile,
La mienne, souviens-toi, je suis abbé,
Certes maintes fois défroqué mais solide,
Tu es venue chercher un abri.
Faux-jeton et triste sire, je t'ai confessé,
Moi qui ai pourtant ri de l'eucharistie,
Mais pardon,
Tout dieu comme moi conquis, aurait menti,

Devant ta beauté et ta détresse,
Je t'ai adoré en statue de chair,
Alors j'ai sonné les cloches à la volée.
Sans ménager l'entourage de notre entrée en paradis,
Mais,
Le diable habite toujours non loin d'ici,
Sans doute attiré par ce son de cloches,
Lui aussi revêtu d'habits volés,
Sournois et pervers firent mieux qu'amour,
Tu as revêtu tes lambeaux de vie noire,
Au sanctuaire du malheur,
Tu as fait don de ton existence,
Pour plaire à ce lugubre individu et ses malfrats.
La mort dans l'âme,
J'ai abattu le bourdon, déclenché le glas,
Jeté ma soutane et fermé l'église,
Y vient qui veut, j'ai fait mes valises.
Adieu belle idole et prières à genoux,
Mirages à deux sous,
Mais, pour toi, j'ai tant aimé,
Sonner les cloches à la volée.

Phoenix révolution

Je veux être à la hauteur de mes rêves,
Ceux inscrits dans le profond des yeux,
Inexprimés, tenaces, merveilleux,
Oublier les étoiles et leurs petits feux,
De la lune, faire un chien au collier,
À portée des vœux,
Semer des graines dans le jardin secret,
Des semences d'un petit bonheur bleu,
Pour gommer gris et noir rapiécés,
Je veux être l'auteur de mes rêves.

Petite musique pour un petit con,

Certes, je devrais être gros, je devrais avoir une bedaine,
Bien sûr, les plis de mon ventre devraient cacher ma bigoudène,
Pardi, au régime, je devrais me soumettre,
Et sur deux cannes, traîner mes restes.
Fatigué de voir dans les yeux d'un jeune blanc-bec
L'espoir de soulever en guise de pinte,
Ma bière, en chantant un requiem,
Rassuré de n'être pas la vedette de la rubrique nécrologique,
Comme Georges en son temps,
Gamin, je te prends comme confident,
Je me vautre dans le lubrique érotique.
De Profondis Mathieunibus

Veinard, je suis le choix de ta femme,
Lassée d'un étalon des tiercés dominicaux,
Elle préfère un cheval de halage,
Certaine de faire un joli voyage,
Sans recevoir des coups de sabots,
Si elle ne crie pas toujours bravo,
Au moins ressort-elle sans bandage.
De Profondis Mathieunibus

Dans tout l'ennui de ta vie étriquée,
J'apporte enfin une raison de parler,
Oui, je le confesse, le secret de ma longévité,
C'est le paysage recto verso,
Offert par ta jeune compagne frustrée,
Dont j'abuse avec une joyeuse équité,
Dès que tu as tourné le dos.
De Profondis Mathieunibus

Sans détour, enfin je te l'avoue,
Merci, c'est bien grâce à toi,
Qu'avec elle, je plonge avec obstination,
Dans le sexe et la fornication,
Sans regret, pensée ni excuse pour toi,
Que je sais à tes petites occupations.
De Profundis Mathieunibus

A la folie

Tu sais, aimer ce n'est ni simple ni facile.
Ne t'imagine pas immédiatement dans une espèce de truc ouaté et moelleux.
Tu risques de souffrir et de pleurer.
Cruellement.
C'est une erreur de l'imaginer acte idéal alors que c'est souvent le début d'un drame.
En trois actes, ouverture, amour, rideau.
Un merveilleux drame, le meilleur crime de ta vie, l'assassinat de ton cœur.
Et pourtant, c'est tout ce que je te souhaite, aimer.
A la folie, à crever.

Sylviane

De l'amour, une nouvelle immensité,
Je sais que tu souris,
À nos inutiles regrets, à la vie,
Sans gémir, tu sais ce que pleurer veut dire,
Je sais ton regard posé sur les tiens,
Ceux qui t'accompagnent,
Les autres qui t'attendent,
Une nouvelle étoile brille.

Humblement,
Sacha.

Champagne !

Bornéo

J'ai plongé ma main dans l'eau,
Entre deux reflets d'émeraude,
L'horizon est feu follet, le ciel à Bornéo,
La vie un sentiment en maraude,
Parfois soleil, parfois entre deux chaises,
Toujours en dièse.
Si la vie est musique, monte le son,
Haut les cœurs, c'est que d'l'émotion,
De la vraie, putain !
Pas de place pour la demi-mesure,
Du belge, mon pote, et pas éteint !
Ça brûle, ça pique, ça assure,
De l'eau diamant qui file entre les mains,
Une gorgée perdue, tu vas plus étancher,
Picole mec, avale, gloutonne, biberonne,
Pleure pas,
J'ai plongé mes mains dans l'eau.

Confidences au mistral

Le mistral noir a envahi la Provence, refluant les hordes aoûtiennes loin des collines et des plages.
Même si un peu de douceur revient après son passage, il pousse dehors l'été pour installer septembre.
Le temps a une âme qui s'accorde aux évènements.
Il fait froid au cœur ce matin, il fait gris dans l'amour.
Reviendra le temps des coquelicots, le vent transporte les graines de passion.
Seras-tu là belle amie, nous avons tant à confier au mistral.
Sous les bourrasques, se cachent les confidences interdites.
Il porte au-delà des hommes, les messages qui enchantent, les serments qui attachent.
Vive le vent.

Présage

Une plume sur le chemin,
Demain sans doute sera jasmin,
Sur mon bord de rivière, je t'ai trouvé hier,
Posée devant mes pas, depuis peu, l'ange qui t'a abandonné
ici est le mien,
Mais tu ne crois pas aux anges Sacha, ni aux guerriers de
lumière pas plus qu'aux martiens ?
Voire...Mais à La Vie ? Touché.
Si tu crois un jour que j'te laisserai tomber,
Axelle Red, rousses paroles d'une aurore,
Une plume noire, soutien et réconfort,
J'veux te voir dedans,
Bruits d'esprit, solitude sonore,
J'ai allongé le pas, frissonnant du murmure de la rémige,
Levé les yeux vers la frontière du féerique,
Entre mes doigts, effleurant le précieux présage,
Ce bout d'oiseau, cette douceur de ventre,
Noir de jais, oubli de piaf, éphémère présent,
J'veux te voir dedans.

Trottoir

Le sol est froid frangin, y'a un moment que t'es là,
On s'en fout du pourquoi t'es là,
Pour une blonde, pour de l'argent ou par fierté,
Toi aussi t'as eu une poule, avec un beau cul,
Comme ceux qu'tu vois passer à la hauteur de tes yeux,
Et puis t'as culbuté jusque sur le pavé,
T'as basculé frangin,
Y'a pas de frère, pas d'ami, pas d'sœur,
Y'a personne quand tu prends l'existence dans le buffet,
Alors, t'as foutu l'camp, changé d'ville, changé de trottoir,
Pour pas qu'on t'reconnaisse, p't'être même tes mômes
Sur le chemin de l'école,
Et t'as chialé en douce mais les autres savaient que t'étais nouveau,
Alors t'as commencé à boire au goulot,
Toi aussi frangin, t'as eu une vie.
Maintenant tu chies entre les bagnoles et mendies ton jaja,
Tu gueules parfois ton mauvais vin mais t'es un fantôme,
T'es dev'nu transparent, une ombre,
Et puis un soir, frangin, sous tes cartons, il fera glacial,
Avant le passage de la maraude, tu vas prendre la tangente,

Retrouver tes yeux d'enfants et la douceur des bras d'ta mère,
Tu vas être bien, tu vas pouvoir dormir en sécurité,
Y'a pas d'hommes frangin,
Y'a pas d'hommes.

Crise

Il y a les cadors, les décideurs,
Les grands patrons,
Les acteurs,
Ils pilotent des avions,
Parlent à la télé et dans les journaux,
Et puis, il y a nous, on se serre dans l'métro,
Parfois même on a les crocs,
On reçoit des factures, ils ont des rentes,
Des dividendes,
Et des cachets,
Nous à part l'aspirine...
Eux, ils font les règles,
Nous, on s'les gèle,
Parfois, y's'cassent un ongle
Et viennent chouiner dans nos salons,
Nous, l'banquier veut même pas nous causer,
Tout s'ra sur votre note, crédits et agios,
C'est la complainte du populo,
Nos cancers sont trop chers,
Faut choisir boulot ou bière,
Parfois, tu traverses une rue
En souhaitant que l'feu soit vert,

Ou qu'la fameuse cordée tant attendue
Soit la cravate de ta dernière tenue,
Infâmes vermisseaux, produits de caniveaux,
Avec plaisir, écrasez-moi l'autre joue,
Monseigneur, j'en reveux du bambou,
Ça f'ra pas une ligne
Ni d'encre ni de coke, on n'est pas digne,
On a bouffé la c'rise,
Alors j'me d'mande qui fait une crise,
Une de plus depuis le vieil Hérode,
Eux de nous donner l'aumône
Ou nous de la prendre.

Dentelles de lumière.

Tant qu'il restera des herbes folles,
Sauvages,
L'insolence de pousser sans ordre,
Libres,
Brillantes parce que non cultivées,
Rayonnantes,
Éphémères comme le souffle,
Passagères.
La beauté n'est pas humaine.

Au courage

Le sourire comme une blessure,
La blondeur sans excuse,
Tu avances sans soutien,
Droite, au milieu des chiens,
Si tu vacilles aussitôt tu en ris,
Si tu tombes,
C'est seule dans ton lit,
Si tu faiblis,
Les larmes c'est pour la nuit,
Ton mal, c'est leur héritage maudit
Que tu combats dans l'indifférence,
Que tu réfrènes en silence,
Je sais ton courage, je sais ta douleur,
L'emprise,
Je sais autour de toi la froideur,
Fleur des champs, île propice,
Tu as donné la vie,
Alors, toi aussi, tu sais le crier
I'm be back,
C'est ton étendard
Contre ceux qui ne voient que tes formes,
Mais que le mal écorne

Et que l'excuse cautionne,
Redresse-toi, ce sont des passants,
Solubles aux saisons et au temps,
J'ai foi en ta force,
Sur ta victoire je mise l'existence,
Aux jours nouveaux sous un ciel apaisé,
Belle étoile.

Errances solitaires

Pour beaucoup il est indécent
Ce coup de poignard permanent,
Ce venin inoculé perfidement,
Quand d'autres le subisse,
Comme eux, je suis,
Toujours présent, mais à côté,
La soif, vous connaissez,
Pire, il ne s'agit pas de s'abreuver,
Mais,
J'ai rêvé d'entendre les mots,
Les paroles qui délivrent,
"Je sais",
Puisque la solitude est une prison,
C'est qu'il existe une clé,
J'ai rêvé d'entendre les mots,
Les phrases qui poussent la porte,
Sortir de cette geôle,
Cet immonde cachot,
En jubilant : "Vous m'attendiez !"
J'ai rêvé de ces mots,
S'ils existent,
Alors à mon tour je les dirai,

Aux âmes solitaires, aux blessés,
Aux amputés d'amitié,
Je leur crierai : "Venez !"
Je rêve d'entendre les mots,
La délivrance d'un carcan,
Punition levée sur l'innocence,
De l'enfance,
Je rêve de mots déjà engloutis,
Dans la mer des profonds oublis,
Naufrage silencieux d'écorché vif,
Rêves disparus dans un océan infini,
J'ai rêvé...
Mais il est tard, les amis.

Prière

Moi qui suis un païen de la pire espèce,
Je me souviens avoir murmuré
"Mon dieu que tu es belle !"
À une jeune femme qui se déshabillait,
Se cacherait-il donc cet esprit malin
Dans les soies et les satins ?
Histoires et paroles d'un libertaire,
Que d'aucuns entendront libertin,
Je fréquentais alors le bordel,
Pendard comme un Toulouse-Lautrec,
Peinard comme un rat en paille,
Bien à l'abri de la morale,
Avec mes compères du village,
Je veux dire les abbés et tout le bas clergé,
Qui, agenouillés aux calices soyeux,
Chantaient les louanges du plaisir des dieux,
Car enfin, le ciel s'ouvrait devant eux,
Et peu importe que ce fusse le septième,
Pour une messe basse enfin exaucée
On loue le sein auquel on sait se vouer,
Il existe certes, et je sais où il sommeille,
Au creux d'un nid d'hirondelle,

Dans la nacre d'ambre au cœur rubis,
Triangle isocèle qui donne la vie,
Fric, politique, économie, tout passe par lui,
Pour un peu je crierai alléluia, s'il n'y avait péril
De trahir ma proverbiale discrétion,
Les secret confiés dans la volupté du déduit,
Lors de féminines exaltations,
Oh my god !

Bercé par le courant,
Dans le sens de l'eau et du vent,
J'ai lâché la barre, levé l'ancre,
Déplié les voiles vers l'océan,
Hissé au grand Hunier
Le drapeau multicolore de la liberté,
Confié au souffle câlin de l'air léger
Comme la respiration d'une bien-aimée,
Celui de l'amour et de la confiance,
L'acceptation de l'évidence,
Parfois,
Cesser de vivre à contre-emploi,
Se laisser dériver est bienfaisant,
Un temps pour moi.

Dehors

De ceux que vous reconnaissez,
Qui hantent de leur misère les recoins,
De cartons en trottoirs, pinard dans le groin,
Je ne vais pas reparler.
Mais observez celui-ci,
Propret sur lui,
Toujours à l'heure, un peu pressé,
Il ne s'attarde jamais,
S'esquive d'un sourire poli,
Vous ne lui connaissez ni ami
Ni compagne, et pour cause, il vit seul,
Parfois il parle de son chien,
C'est bien l'unique sujet personnel,
Lui, c'est un solitaire, dites-vous entre vous,
Pourtant, il est pas mal, sans doute homosexuel,
Lorsque les gens ne disent rien,
C'est si facile de leur fabriquer une existence,
A ces petits détails pourtant, arrêtez-vous,
Ce léger parfum d'humidité,
Cette chemise un peu froissée,
Ces lundis sans morosité,
Dans ma mémoire, entaillée au feu,

Je le vois un matin, un matin frisquet,

S'extirper d'une voiture aux vitres bouchées par la buée,

S'agenouiller un chien dans les bras,

Ils se regardent heureux d'être là,

Ensemble, truffe contre nez,

Ces deux-là se sourient, je le jure,

Ignorants du monde qui les juge,

Le monde qui se détourne, avec eux de côté,

Viens mon pote, ta patte, ma pogne,

On a les amis qu'on mérite,

Les vrais.

Résonance

Je suis une exception,
Comme toi, tu es unique,
Tu vois ce que les autres ignorent regarder,
Je décèle ce qu'ils laissent de côté,
Pour une fois,
Pour une unique et exceptionnelle fois,
Dans ma vie,
Dans ta vie,
Nos véritables sentiments éclairés,
Tu m'entraînes hors du sentier,
Je t'envisage loin du commun,
Et de nos habituels chagrins,
Tu découvres,
Je dévoile,
Des émotions jamais éprouvées,
Nous,
Une parcelle d'étincelle,
Un fragment d'étoile,
Peut-être le hasard, pied-de-nez au destin,
Une chance,
Mais l'évidence.

Avant

Je n'rêve d'aucun autre monde,
Celui-ci me colle aux pattes,
Pourvu qu'on me laisse jouer,
Faire mon comédien, surtout aux entractes,
Participer de mon plein gré au spectacle.
Il y avait déjà, lorsque je suis arrivé,
Un cirque, un barnum pas burlesque,
Aucun clown,
Pas d'Auguste, ni de chapeau pointu,
Plutôt un joyeux bordel
Qui convenait à un Monsieur pas loyal,
Un autre, un d'avant, un pareil que ç'ui'là,
Sur une piste sans étoiles,
Les étoiles,
Elles étaient si loin qu'elles ne rassuraient pas les nuits,
Les nuits,
Si tu crois que c'était chouette de compter les étoiles,
Au contraire,
Elles avaient la tronche du grand air,
Avec toujours un guignol au mitan,
Pour t'envoyer une bénédiction,
Une giclée de confession,

Et un pas cadencé,
Les mouflettes portaient des tabliers d'sapeur,
J'te jure, fallait être un aventurier,
Pour conquérir les vallées,
Pas eu le temps de rêver,
Un autre monde...
Mais crois-moi, camarade,
Je m'suis bien marré,
Directement de l'enfance, et encore,
A l'état d'adulte, comme il convient de le nommer
Alors, lâche-moi, c'était pas mieux avant,
J'dis ça pour les vieux grigous
Qu'on atteint l'âge à p'us rien à fout',
Pour les p'tits blaireaux
Qu'on la nostalgie d'un vieux scénario,
Ou pour les djeuns un peu ringard
Qu'imaginent qu'on baignait dans les dollars,
Mais casse rien, on n'a pas d'ailleurs,
C'est fragile, putain, lève tes pattes,
C'est fragile,
Notre terre, qui n'est pas aux cieux...

À point né

J'ai l'âge que je veux,
Pas celui qui correspond à un calendrier,
Ni celui que vous me donnez,
J'ai l'âge que je veux avoir,
Me tamponnant bien des usages et des normes,
Qui décrètent que la passion, l'envie, la fougue cessent avec les années,
Quand le blé est rentré, la farine moulue,
L'asticot bien planqué sous l'estomac tendu,
Lorsque les rides creusent l'âme,
J'ai l'âge que je veux,
J'oscille entre la spontanéité et la maturité,
De cette dernière usant peu, je le reconnais,
Au motif qu'elle empêche l'audace et les essais,
Borne le chemin de barbelés et obstrue mon horizon,
Toujours pas décidé à signer la capitulation,
J'ai l'âge que je veux,
Et si vous m'apercevez demain dans un autre état,
Ne croyez pas que j'ai été forcé,
C'est mon libre choix et mon envie d'essayer,
Ou de renoncer,
Qui ont poussé à tenter l'opportunité,
Ou à quitter ce que j'ai adoré,
J'ai l'âge que je veux,
Pierre qui roule n'amasse pas mousse,
C'est que je me nomme Sacha,

Et ne désire pas coller une carapace,
Sur mes idées, mes paroles et mes actes,
Quant à la mousse, elle indique le nord,
Et je suis un enfant du Sud,
J'ai l'âge que je veux,
Au-delà des critiques, des appels à la raison, des rires et interrogations,
Jeunes déjà vieux, vieux oublieux de leur jeunesse,
Je renvoie chacun à ses souvenirs,
Lorsqu'il y avait encore, s'il y en eût,
Des rêves d'enfant, des envies et des pilotes d'avion,
Quant à moi, je n'ai qu'une vie et déjà pas assez de temps pour mes projets,
Ni besoin de regrets,
Je ne veux rien manquer de ce qu'il m'est permis,
Et même pour l'inaccessible, je suis candidat permanent,
J'ai l'âge que je veux.

L'attente

Lorsqu'il sera de retour, je l'emmènerai sur la plage.

Les vagues qui effleurent la grève seront silencieuses et nous nous assiérons sur le sable.

La mer apaisée nous parlera de là-bas.

Il n'y aura plus de tumulte dans nos cœurs, seulement le calme de la présence retrouvée.

L'air portera les senteurs nouvelles et le parfum des premières fleurs.

Lorsqu'il reviendra, ce sera le printemps.

Ou le début de l'été.

Il fera doux, pas encore chaud.

Il ne peut pas faire froid pour sa venue.

Lorsqu'il sera de retour.

J'ai mal aux heures froides.

Vieux bois

Comme la sève qui descend,
Emporte vers la terre froide,
Le sang d'énergie, demain manque d'espoir,
L'hiver est bien présent,
Nos branches sont fragiles et cassantes,
Asséchées d'envie de battre,
Au vent je dis je t'aime,
Pour la douceur de ton souffle,
Ta colère prochaine verra rompre
L'esprit sinon le bois,
J'ai pourtant lutté dans mes vertes années
Contre tes orages effrénés,
A l'ombre de ma futaie,
Abri propice aux voyageurs malmenés,
J'ai accueilli tous ceux que la vie égarait,
Jamais de facilités,
De repos aussi peu, saisons braconnes,
Folle herbe sauvage,
Il faut régler le prix de l'audace,
Si tu nous croises, tu verras un sourire,
Le salut n'est pas un soupir,
Seuls les yeux sont messages,

Les nôtres ne sont pas de bons présages,
Reste la chance d'un printemps,
Épuisé.

Aux parfaits, aux constants,
Aux réussis, aux sans faute,
Aux convaincus, aux certains,
Je dis merde.
Aux vaincus, aux souffrants,
Aux trébuchants, aux sans voix,
Aux doutants, aux hésitants,
Je dis, moi aussi.

Amsterdam

Voilà, j'ai peur
Je vais crever de toi
Crever de manque
Crever d'absence
Mais, d'ailleurs, avant toi
Je n'étais pas vivant
J'étais un errant
Vivant d'instants
Et, pendant toi
J'avais le bonheur
Je choyais chaque heure
Aveugle au temps
Voilà, je pleure
C'est laid le départ de l'amour
L'infâmie du désamour
L'oubli du toujours
Dégoulinant de pleurs
Voilà, je meurs.

Les Sablettes

Il était une fois, un ciel bleu,
Une lumière de Provence,
Qui abritait dans un azur radieux,
Le souvenir d'une présence,
Au vent mauvais, au mistral joyeux,
Chaque grain rompu de l'existence,
Trompe la faim sinon l'envie des sens,
Le bout du chemin,
Tant pis pour tes ailes joli meunier,
C'est pour des gens sans lendemain,
Qu'écrivait aussi Daudet.

Où es-tu

J'ai mal à l'amitié,
Mais c'est vrai que je me suis blessé,
D'illusions,
De silences,
Aussi, maudit inconscient,
Toujours aussi exigeant,
De toi,
Bouche cousue, douleur aiguë,
J'en crève, vois-tu,
Tu m'as fait trop tôt souvenir,
Mais je vis, putain !
Je crie, je crève, de non-dit,
Tu crois que c'est vain,
Mais, dans le temps, nous étions vingt,
Des amis,
Et je me délite, je dépéris,
De toi,
Je refuse à m'y résoudre,
La peur du vide, sans doute,
Vertige,
Ai-je trahi ?
Prononcé des paroles scélérates ?

Non, le temps néglige, écrase,
Pyramide de sable blanc d'oubli,
Ensevelie,
Hélas, pas de Phoenix,
Sablier des images en noir obscur,
Tout lasse, tout passe, infortune,
Un regard amer sur les débris,
Médusé,
Ici sombrent les amitiés chéries.

Et puis, le voyage continue,
Défilent les jours,
Il faut remonter dans le train,
Démarrer la bagnole ou prendre un avion,
Il n'y a rien à gagner, juste à vivre,
Bouffer le soleil, avaler le temps,
Mordre les secondes,
Pour goûter à l'éternité,
Exalter le sang jusqu'à l'ivresse,
Gueuler à la face des jours,
Qu'on n'a pas la trouille,
Et que les tressaillements
Ce sont les frissons du vin nouveau,
Monter sur la colline, griller sa clope,
En levant son verre,
Et en riant du soir qui descend,
Parce que les roses jaunes, Madame,
J'irai demain les cueillir.

L'hiver pose son empreinte grise
Je ne sais où il fait le plus froid
Dans le creux des vallées
Ou dans la profondeur des âmes.

Je lève mon verre à l'amour !
Je trinque à jamais !
Je bois au toujours !

Noël

Je parle
D'une femme battue,
D'un frère assassiné par des bombes,
D'un père harassé clandestin,
D'un renard persécuté par jouissance,
Gibiers de violence,
De la terre broyée par l'inconscience,
Moi l'enfant de cette terre,
Je parle
Naïveté légitime, innocence volée,
Réalités télévisées, salauds !
Nul enfant nait haineux ou religieux,
Pauvre aveu de médiocrité, facilité,
Vous avez dit modernité ?
Je parle
Mais c'est Noël, quels drames ?
L'or et le plaisir coulent des vitrines,
Dégueulent des télés les pubs parfumées,
Les belles bagnoles, la dinde aux marrons,
Saint Écran,
Toi qui te nourris de QI, sauve-moi !
Ma mère, mon frère, mon père, ma terre,

Mes amis,

À vous les phrases hypocrites,

Les prières gentiment assassines,

Tuez-les tous, dieu reconnaîtra les siens,

La compassion d'une messe à minuit,

Peut-être la trêve dans les abris,

Fera-t-il moins froid sur les trottoirs ?

Cris

J'écris comme j'aime,
Comme je voudrais que tu frissonnes,
J'écris les mots dictés par la déraison,
Douce folie d'inscrire les émotions,
Le cœur carambolé, ouvert sur un billard,
J'écris le rire et le soleil, les bonheurs et les fleurs, j'écris du mal,
J'écris le sang pourpre, veine passion,
J'écris demain en aube trop tôt, languide,
J'écris nuit blanche en volutes troubles,
J'écris étoile en éclats de désir,
J'écris liberté en arc-en-ciel, écharpe d'iris,
Et si je trébuche, tu me rattrapes,
Dernier péché avant l'oubli.

Vieil ami,
Je suis venu me coucher sur la terre,
Couverture, manteau, que sais-je,
M'étendre un instant sur le sol des bannis,
Il y a longtemps dans les ténèbres,
Je crois que c'est toi qui m'as appelé,
Le temps ne t'est pas compté,
Reste encore,
Dans les ruelles mouillées de pluie,
Sur le marbre froid, sous les réverbères,
J'ai entendu dire les vilenies, amères,
De ceux qui parlent sans écouter,
Les graines qu'ils voulaient me faire avaler,
Relever des murs que tu as arasé,
Reste encore,
Parmi la foule laborieuse j'ai parfois erré,
Sous les néons, dans la lumière crue,
Le son des discordances, l'eau de ciguë,
Vers toi, ma mémoire s'est tournée,
La glèbe est accueillante à ton côté,
Le vin de Bordeaux empourpre la brune,
Reste encore,
Sur les raisons pourtant tout est écrit,
Ce soir je faiblis, me suis-je trompé,

Tu rugis pour étreindre notre sincère folie,
De croix en croix, le vent inscrit le reflet,
Tes batailles gagnées, mes lignes encrées,
L'imprudence comme un rare trésor,
Reste encore,
Au jour, je rejoins la cohorte des soumis,
Hors de leur rang, bien à côté, détaché,
Je t'entends moquer, un homme ça rit,
De la mort et des femmes trop belles,
Les épines qui crèvent l'amour, les flèches,
Je murmure dans l'air qui te porte,
Reste encore.

Ce sera donc ce moment figé,

L'espace du cœur couvert par le froid,

Le sombre fera office de lumière,

Oubliera l'or des blés et le cuivre de la peau,

Mais se préparant déjà,

Une sève nouvelle et nourricière,

Venue du plus puissant de la terre,

Promesse d'équateur,

Apportera vie et chaleur.

Nature.

Vae soli

J'ai le cuir tenace et robuste,
Solide comme le plus pur des buffles,
Il protège autant du soleil de Provence,
Que des bourrasques du mistral cinglant,
Hélas, comme toute étoffe des héros,
Il offre son talon, pauvre Achille,
Une fissure dans le creux de l'âme, fragile,
Un espace à l'affût des eaux du Styx,
Des maux, je me fous,
Des mots, j'avoue parfois faillir,
C'est selon l'intention du coup,
J'ai le courage d'aimer sans fléchir,
La naïveté de croire aux sourires,
Lorsque, tout honneur en berne,
Amis, amies,
Des caresses reçues en échanges,
Prononcent d'éternelles louanges,
Tu sais encore et toujours rebondir,
Alors, oui, je vais réagir,
Vieillir mais ne pas faiblir,
Souffrir mais ne pas gémir,
Sur mon dos reprendre la bienveillance,

Accepter que le chemin soit tolérance,
Lionne, lion ne plaident pas d'épines,
Prêter le flanc mais vivre debout,
Rien ne sera perdu que l'inutile,
Devant, loin, il y a le jour,
Matin soleil, jour de pluie mais matin,
Je suis mon meilleur ami.

25 novembre 2023

Au bord de l'eau,
Parmi le désordre des feuilles mortes,
Éphémère ombrage rougi par l'automne,
Assis sur la berge, dans le mistral furieux,
Qui tente de bousculer ma rêverie,
Ma coutumière nostalgie,
Je déambule parmi les nuages pressés.

Brusquement, une présence,
Toute proche de moi,
Je connais cette sensation, ce frisson,
Cent ans plus tôt, je me souviens,
Le temps renaît de l'impossible hasard,
Paroles, histoire, détails, questions,
Cruauté, départ, disparition, regain,
Je ne sais de qui nous parlons,
Quelques larmes, le vent ou la tristesse,
Pourquoi ce lien, d'où vient le sens ?
Mistral lui-même baisse le ton,
Surpris lui aussi de ce mystère,
Est-ce toi ? Comme ce lointain soir
Lorsque j'œuvrai pour le diable,
Mais tu ne disparais pas cette fois,

Bien mieux, tu m'accompagnes,
Nous marchons, j'entends tes mots,
Échos de nulle part,
Non, je ne rêve pas, l'âme ne trompe pas,
Le déguisement ne voile pas l'intention,
Je sais que c'est toi, tu n'es jamais parti,
J'ignore la raison de ta présence,
Sinon prendre des nouvelles du commun,
S'acoquiner un instant aux mortels,
Je ne demande rien, aucune requête,
Pas plus qu'à ta dernière venue,
Et lorsque nous nous séparons, à la vie,
Dans ce léger silence, gommé d'absence,
Le vent a repris son souffle,
Le cœur en paix, je rentre dans la nuit,
Il fait beau sous les étoiles,
Au vent et à l'esprit.

1er janvier

J'ai enflammé une bougie,
Pour animer une âme obscure,
Croire qu'elle n'est pas seule,
Venue en vain, tenue de deuil,
Une petite lumière qui s'agite,
Trace des ombres et repousse la limite,
Un feu follet, fugace, châtain,
Comme la première lueur du matin,
Petite flamme, précieuse amie,
A ta lueur j'implore des confidences,
Flammèche, as-tu pouvoir d'être présence,
Mais, tu ris de mes folles offrandes,
Pourtant la chute effrénée,
M'a enseigné la profondeur de l'absence.

Il faut un incroyable talent pour aimer vivre.

Sans celui-ci, c'est survivre et subir.

Transformer la boue sous les pieds en sable doré, dessiner du soleil parmi les nuages d'orage, changer en fleur l'injure.

Il faut de l'abnégation pour voir dans chaque addition la chance de payer.

Offrir un sourire en échange du mépris. Tendre la main sans souffrir du dédain.

Il faut une formidable envie d'essuyer sans colère le venin, relever les yeux vers le tournant du chemin.

Il faut de l'amour pour ignorer le regret, cultiver un jardin dévasté et croire que l'heure prochaine sera regain.

Il faut de la folie pour survivre au silence.

Lettre aux matins d'ouate

Passager des nuages éphémères,
Libertaire, pirate sans frontières,
Bouffeur de soleil, voyageur des rêves,
Assoiffé de lumière, avide d'oasis de vair,
L'espace m'abreuve de myriades filantes,
Un matin, la mer a déposé Byzance,
Sur la grève apaisée de février,
Une sorte de trésor en perle vanillé,
J'ai déposé les armes, jeté ma liberté,
Pour la première fois, renoncé aux fleurs,
Écouté le bruit de mon âme et mon cœur,
Fondu ma cuirasse pour un devenir,
Un autre destin, une sorte de lipstick,
Drogue dure, opium ou plutôt cocaïne,
Plein le sang, accro à une héroïne,
À te vider, un truc dont tu ne reviens pas,
Le voudrais-tu, si j'ai vécu jusque-là,
Alors que je distingue déjà la fin du chemin,
C'est bien pour toucher cette main,
Et dussé-je y brûler les ultimes lumières,
M'évanouir dans cette douceur d'éther.

Amana

J'ai marché sur la ligne,
Marque pourpre, pointillée, ténue,
Équilibriste,
Sur un fil rompu, nié le vide,
Au couchant, damné la lune,
Dans les vapeurs, il faisait mensonge,
Même l'ombre était vertu,
Poignard d'ivoire dans le cœur de Vénus,
Pas de deux, pas certain,
Vertiges,
A qui perd paye, poker pas malin,
Roulette de plomb, destin,
Plus qu'une mon chat, ou deux,
Oui deux, je le veux.

Zonzon

Je suis de retour,
Les grilles comme horizon,
Le mur pour lever de jour,
Mère, ta honte,
Femme, tes larmes,
Mon enfant, l'absence,
Vous payez,
Je vous emmène en prison,
Sous les barbelés,
Animal, déchu, reclus,
Cinq ans, perpét',
Ni cri, ni plainte, vaincu,
Pénitent,
Camé, cachtonné, évadé pendu,
Seule issue,
Pauvre Valjean.

La Farlède

Les mots menteurs

J'ai quitté la rivière,
Son eau est tarie, son charme évanoui,
Des arbres sans sève, galets sicaires,
Les fleurs sont mortes et l'herbe grise,
Je crois que les flots ont eût honte,
De tant de semences restées vaines,
Le bleu du ciel changé en tombe,
Avalé, englouti, les yeux en berne,
Les hommes ne méritent pas l'onde,
Et j'ai osé lui dire je t'aime.

Ne me lis plus

Qu'est-ce que j'ai mal à ton absence,
Qu'est-ce ce je sombre dans ton silence,
Et puis cette ridicule attente,
Terrible addiction,
Errance sur une paroi de verre,
Si elle était encore mienne,
Je vendrais mon âme à Lucifer,
Mais je l'ai déjà confié à une magicienne,
Maîtresse en divins sortilèges,
Blâme moi d'avoir ces rides au visage,
Insulte-moi pour le temps perdu,
La féerie, l'étoile de Vénus,
Je te veux,
Le cœur dans la douceur,
Pour qu'il ne souffre plus,
Voue-moi à la malédiction éternelle,
De n'être qu'un homme,
Je te devais d'être Mars ou bien mieux encore,
Et puis, ne me lis plus, je ne sais plus écrire,
Les mots sont partis avec la nuit,
Maudis-moi,
Damne-moi,

Que je trouve enfin la rive du Styx,
Puisqu'ici le vide consume les heures,
Je t'aime ne sert plus qu'à l'inutile,
Je t'aime, ultime souffle dans le cœur.

Toulon

Minuit s'éveille,
Absence de feu, mal au cœur,
Ça vrille, ça cisèle,
Étrange vertige, dernier joker,
A tâtons, dans l'abîme,
Ça bascule, nausées perfides,
Haut la peur, film à l'envers,
Vingt-trois et deux font demain,
Moins un égal plus rien.

Cabrières d'Avignon

Absolu d'ivresse, abîme de soie,
Unique minute, lèvres ourlées,
Récif corail, triangle hors loi,
Oubli sidéral, parfum de vallée,
Raison perdue, cœur gagné,
Entends l'âme qui monte vers toi.

Reflets d'étreintes

Le soir qui tombe égrène les notes d'une musique lancinante.
Elle crie des images et des paroles, brumes d'instants heureux.
Ce qui brise, c'est la mémoire du bonheur.

Ne craignez pas l'inconnu, c'est là que vivent les rêves.

Petite maison, joli refuge,
Si bien mal rangée,
Bien à l'abri de ta mince toiture,
Je vais laisser mon cœur
Changer les mots noirs en couleurs,
Tremper ma plume dans la clarté,
Pour écrire en lumière l'éclat et la beauté.

Cabrières d'Avignon

Je suis un jardin,
Discret, secret, abrité des regards,
Terre propice aux graines de demain,
Je n'ai pour seul semoir
Que l'intention du laboureur,
Pour toute barrière,
L'exubérance des fleurs,
Aucun hiver ne rompt la folle caresse
Du vent léger, de la tendresse,
Ne me piétinez pas, ici grandissent
Des espoirs et des douces pensées,
Des étoiles soyeuses, des aubes câlines,
Et des vœux d'éternité,
Je suis ton jardin fragile,
Mes pousses meurent sous le dédain,
Cultive moi matin,
Et chaque jour, en retour, mille avrils,
À tes pieds, dans tes mains.

Amsterdam

J'ai abdiqué au dédain,
Restent les balafres qui gueulent reviens,
Je les aime, saignées cannabis,
Cicatrices,
J'ai fumé des malboro,
Bu des tas d'ballantines,
Ni la fumée ni les vertiges,
Sur ma peau, dans ma peau,
J't'ai en dedans, à l'abri,
Marché sous la pluie,
Pas lavé,
Dans les flaques, il y avait ton image,
Du haut d'la falaise sauté,
Tombé dans tes yeux,
Encore raté, encaissé,
Pardonne-moi, j'suis un affreux,
Alors, j'suis allé m'noyer,
Dans le bruit qu'font les gens heureux,
Le silence était oppressant,
J'suis étranger à cette terre,
Toi et moi, deux p'tites comètes,
Percute-moi, aster flamboyante,

J'vais faire le clebs, collier bien serré,
Fini la clope, plus jamais d'verres,
Pour ton regard, plus mourir,
De ton cœur, toujours, ivre.

Toulon

14 février

J'veux plus de déceptions attendues,
De ratés désastreux, d'espoirs déçus,
De solitudes égarées, ni de souvenirs déprimants, d'oreillers vides,
De nuits de larmes, d'amour inassouvi,
J'veux plus d'ivresses salvatrices,
De cigarettes consumées,
De téléphone sans message,
De tour de bagnole dans l'obscurité,
Et de bistrots de passage,
J'veux d'l'Amour,
Tous les jours,
Celui que j'te donne,
Celui qu'tu m'donnes.
J'veux des roses rouges chaque matin,
Des parfums voluptueux tous les soirs,
Des dentelles affolantes nuits et jours,
Des bougies sur les tables sans raison,
Des lumières tamisées à tous nos ébats,
Des yeux captivés à chacun de tes réveils,
Des mots enflammés à tous nos regards,
J'me fringu'rai bien pour l'honneur de tenir ta main,

Et j'te dirai qu't'es belle et tu m'trouv'ras pas mal aussi,
J'veux Vénus en soleil,
Aimons-nous tous les jours,
Saint Valentin, pauvre cloche.

La Farlède

Ah, tu viendras, un beau midi au soleil,
Ta robe blanche balayant les railleurs,
Oui, tu viendras, riante et heureuse,
Les enfants en costume et cet homme
Bien vêtu pour te faire honneur,
Devant l'édile, ton oui fera écho au bonheur,
Un anneau à ton doigt pour sceller
La complicité et l'envol de tes idées,
Oui, tu viendras à mon bras,
Moi,
Humble mais fier de t'accompagner.

Le Revest

Faune,

Dans la prairie, inondée d'émeraude,
Délicieux volcan d'hydromel,
Sous le regard d'un soleil faune,
Coule une rivière vermeil.

Exercice

J'ai accroché mon regard au porte-manteau,
Passé ma vie au peigne fin,
J'ai posé mes deux pieds dans le plat,
Ils en ont fait tout un fromage et se sont payés ma pomme,
Alors j'ai trouvé ça fort de café,
Et comme j'avais une faim de loup,
Je me suis offert un chien chaud,
Ça les a rendus chèvre,
Ils m'ont traité de chameau,
Parce que je mange à l'œil,
Je suis resté muet comme une carpe,
Pour une fois que ça ne coûte pas un bras,
De se gratter le ventre,
Mais j'avais d'autres chats à fouetter,
Je ne voulais pas qu'ils me donnent le cafard,
Alors j'ai pris la tangente,
Parce que je ne veux pas résoudre leur équation,
Et comme j'en avais assez de tourner en rond,
Je me suis fait la belle...

Au crépuscule, j'peux vous le dire,
J'm'en balance !
L'infime grain de sable de ma trajectoire
Sur cette tout'p'tite chiure de mouche,
De planète Jardin,
Que d'aucuns s'ingénient à bousiller,
Ne laissera pas plus de trace
Que le vent dans les nuages,
Ce qui est fait est scellé,
Je ne suis pas adepte du fouet,
Ni des regrets,
Et n'ayant aucun attrait pour les statues,
Seraient-elles grecques, je réfléchirai,
Reste un peu de temps que je vais utiliser,
Au mieux, pour l'intérêt de mes yeux,
Qui m'aime me suive, s'il en est,
Les autres, que votre chute soit bleue.

Cabrières d'Avignon

Véronique

C'est vrai, on est coupable de partir,
Tombé du nid par erreur fatale,
C'est vrai, on est coupable de gémir,
Vea victis,
Il s'est assis sur le bord des années,
Il a bu les rires, souri aux larmes,
Un visage, des yeux, de l'amour, du ciel,
Main tendue, rare refuge douceur,
Et puis l'oasis, la vallée heureuse,
Défilent sur la rivière les temps choyés,
La chaleur du nouvel avril, nuit câline,
Une plante fragile, un cœur sensible,
Et lorsque l'on parle de beaux jours,
Il faudra appeler ceux-là en référence,
Elle était à la saison des friandises,
Lui dans celle de la gourmandise,
Alors, ils mêlèrent les saveurs,
Inventèrent des couleurs,
Jouèrent de fusion,
Du soleil à la voie lactée,
Les journées étaient passion,
Les nuits de tropique,

Ils vivaient l'évidence de ceux qui ne se questionnent pas,
Ceux qui savent,
Ils s'aimaient, ils le savaient,
Sans peur, sans besoin d'avenir,
Ils s'aimaient dans le présent,
A Madrid, le flamenco gémit,
La pensée tue le pas, le danseur trébuche,
Et quand s'arrête la musique, incrédule,
S'écroule dans l'oubli, bouffé par le noir,
Rome s'effondre,
Vide Trévi, le vœu est annulé,
Tibre, tes eaux roulent des murmures,
Vrais soupirs, véritables blessures,
Naufragé d'infortune, sans île en refuge,
Emporté par un courant sinistre,
J'ai perdu ma muse, j'ai trahi un lys,
Mea culpa ridicule,
On est tous volontaire,
Du jugement ou de l'ignorance,
Pourtant chaque nuit, j'entends un sourire,
Je vous souhaite mes bottes pesantes,
La rue, les sévices, l'ignominie à l'enfance,
J'en ai fait de la bienveillance,
D'autres en font un non-droit au faux pas,

Sur ce bord de rivière est restée ma foi,
Mon Amour.

Tous les silences ne font pas le même bruit.

Joindre le futile à l'agréable,
Que ça ne serve à rien,
Assembler inutile et partage,
Que ça ne serve qu'à être bien.

L'Chaim

J'ai une étoile sur le cœur,
Tombée d'un champ de déshonneur,
Après un chemin de crimes millénaires,
De flammes en fosses, abjectes,
Au nom d'une vindicte populaire,
Moutons de Panurge, haro sur le baudet,
Boucs émissaires, exil,
Du sable stérile j'ai fait une terre fertile,
Un nom, un peuple, la paix,
Rien de plus, que du légitime,
Mais à crédit sur deux mille ans,
Intégralement payé avec mon sang,
Nous vivions déjà sur cette terre,
Ensemble,
Dieux mêlés, si ressemblants,
Les diktats hypocrites s'en sont mêlés,
Nous ont séparés,
Revenez,
Moi qui ne suis pas de religion,
Pourtant, par tolérance, croyant,
Dans les Hommes,
J'implore le courage et la volonté.

La vie

Mais toi qui me vois déjà passer,
Les yeux vers le gris du pavé,
Tu n'imagines pas à quel point j'ai vénéré,
Cette chienne, cette traitresse,
Qui m'a fait tant rire aux larmes
Ou arraché sanglots et soupirs,
Combien je l'aime,
Combien de fois j'ai rangé les armes,
Combien je l'admire cette Diane insoumise,
Mon Amour,
Toi qui la juge rugueuse et menteuse,
Tu ne sais pas ce qu'elle m'a offert,
Et souvent repris,
Comme une déferlante voluptueuse,
Fougueuse comme un pur-sang,
Dominatrice et enjôleuse,
Une tigresse au velours si doux,
Comme je l'aime jusqu'à mon dernier mot,
Comme je lui en veux déjà de se retirer,
Si tôt,
Alors que je veux encore lui faire l'amour,
L'enlacer et la faire danser,

Même sous ses coups de griffes,
Encore, encore, encore, toujours,
Mon Amour,
Je te dois tant de nuits et de plaisirs,
Tant de journées éclatantes,
Sous la pluie d'hiver,
Mon Amour,
Traite la bien, toi qui la recueilles,
Elle est précieuse, unique,
Elle est un diamant, une étoile,
Une histoire, un conte, une féerie,
Mon Amour,

J'ai repris un souffle d'air,
Recommencé à respirer,
Renoué avec l'existence,
Les mains tendues, ouvertes,
Vers ceux qui veulent m'accompagner,
Je conserve tout,
Les paroles, les engagements,
Mes serments, fidèle,
Mais, j'ai renoncé à l'abnégation,
Elle a failli me coûter la vie.

É pericoloso mordere

L'enveloppe est attrayante, la couleur est belle, la forme attirante,
Pourtant le fruit est meurtri à l'intérieur,
Certainement contaminé par les effluves du verger,
On se sent frustré, trompé, trahi,
Mais que dire à un fruit ? Un abricot n'a pas de parole,
Encore moins d'âme,
On tente alors de le sauver,
Mais,
Le meilleur sucre moisit, la confiture fige, la compote s'aigrit,
Alors,
Par respect de la nature, on plante le noyau en terre, pour lui donner une chance de germer, de fleurir dans un jardin calme et serein.

Selon

Je suis allé dans la grotte terrasser le dragon.
J'ai bâti un château rempli de douceur et d'amour.
Donné mon cœur, mon âme, ma liberté, ma vie.
Mais lorsque j'enlève mon armure de chevalier, je ne suis qu'un homme de chair et de désirs simples.
Donner et recevoir.
Je n'ai aucun pouvoir contre la frustration, le ressentiment, l'amertume, la rancœur qui habitent l'âme.
Ils gomment ce qui est beau, ce qui est porteur et nourrissant, l'amour.
Ce sont des haines et des colères inutiles, des mangeuses d'instants qui devraient être consacrés à l'essentiel, ce petit espace de temps qu'on appelle notre vie.
Je ne peux rien faire, dans ma simplicité et ma sincérité que d'abandonner ce qui ne m'appartient pas.
Chacun doit choisir son combat. Entretenir une haine contre soi-même ou regarder devant, les promesses de la vie.

Liberté, joyeux chemin d'errance,
Papillonnant de fleurs en calices,
Lorsque les pétales sont délices,
L'alternative est d'amour ou de chance.

Je lève mon verre à l'amour !
Je trinque à jamais !
Je bois au toujours !

Printemps

Des boutons, des boutons,
Et des bourgeons, des bourgeons,
Dans l'herbe et dans les buissons,
Et puis sur le nez des garçons,
Vive les oiseaux et les petits frissons,
Des boutons, des boutons,
A défaire, à arracher,
A se défaire de l'hiver et de nos oripeaux,
Pieds nus dans l'herbe fraîche,
Le cœur léger et l'âme tendre,
Jolie saison, renouveau,
Printemps !

Attendre l'instant, attendre le moment, le bon moment, la meilleure condition.

Y sera-t-on ? Sera encore-t-il temps ?

Jamais il ne sera de meilleur temps que cet instant pour dire je t'aime. Dans un instant, il sera trop tard.

L'âme seule dirige, le cœur va à la déraison, l'esprit est l'ennemi des folies.

L'âme sait que le cœur a raison et si elle laisse l'esprit l'emporter, elle trompe le cœur.

Trahison dont on ne se remet jamais vraiment.

Qui, au petit matin, au sortir d'une nuit troublée, ne maudira pas les rigueurs imposées par la bonne conscience, mortifié par les promesses de bonheurs évanouis avec la raison de l'esprit. Qui ?

Combattre son cœur, c'est se mentir.

Voltige

Je vis sur un étroit filin,
Suspendu entre toi et rien,
Un trait mince, fuyant, glissant,
En équilibre entre la vie et l'absence,
Tâtonnant des jours de gris,
Bégayant d'obscurs paradis,
Pas à pas, apaisante nicotine,
Au bonheur ou au risque,
Basculer léger, sombrer léthargique,
Vivre ou survivre, je lance les dés,
La seule chose qui a sublimé ma vie,
C'est de t'avoir frôlé,
Au clap de fin, je lâche le fil.

Faux-semblants

Redresse les épaules,
Lève la tête,
Celui que tu côtoies dans ce royaume,
N'est pas un imparfait,
Ce manteau de tristesse dont tu te vêts,
Ne fait pas partie du vestiaire commun,
Habille ton cœur de froid défunt,
Mais éclaire ton visage d'un sourire,
Nul ne portera ton eldorado,
Il appartient à ton âme en chaos,
Les autres ne sont pas le bénitier,
Dans lequel tu déverses tes étiers,
Fais-en ton église, ta foi,
Ce soir, cette nuit, tu seras libre avec toi,
D'ouvrir les vannes, de ravaler ta façade,
Clown à la ville, solitude de camarde,
Et demain, fais croire,
Ne dis pas,
Garde ce que tu as fait tien,
Tu n'es pas un martyr,
C'est ton choix,
Ravale tes larmes, souris,

Bientôt viendra la nuit,
Lève la tête,
Redresse les épaules,
Ce soir la délivrance.

Je crois qu'il n'y a plus un seul endroit sur cette petite planète qui n'est pas le théâtre d'un conflit.

Même chez moi, l'âme et l'esprit sont en bataille.

Les armes ne causeront d'autres victimes que le cœur et les rêves.

Je suis un petit prince déchu à la recherche de son serpent. Il m'a promis de me ramener à une rose. Ses épines sont douces à côté de ce désert où un pauvre aventurier s'est écrasé.

Sine qua non.

Un rien m'émerveille
Un rien m'emmerde aussi.

M'bi fê

Je ne t'ai jamais quitté,
Tu sais,
Tu me crois loin, je suis tout près,
Toi et moi, c'est une éternité,
Même éloignés, même distants,
Nous sommes liés par le sang,
Les promesses de l'aube,
Les étoiles en maraude,
Chaque instant,
Comme le premier matin du monde,
Du haut de cette colline,
Lorsque tu éveilles tes ombres,
Avec ta destinée d'héroïne,
C'est gravé dans notre âme commune,
Un et Une,
Oui, je me suis éloigné, pas oublié,
Confié à la raison ta destinée,
Je te sais forte, puissante, immortelle,
Que les quatre éléments de la terre,
Te conduisent au plus haut de ton mérite,
Quant à moi, sans toi, mon cœur est vide,
Nous sommes à nos places,

Tu es jeune d'envies,
Je suis usé d'agapes,
Je t'aime, autant que ma vie,
Mon Afrique.

Contraire

Je ne crois pas au destin, je m'interroge encore sur le hasard.

Je crois en l'alchimie de la rencontre, dans la symbiose des êtres. Je crois au regain, en la capacité de se transformer. Je crois en la naturelle aide, à la générosité, au partage.

Je crois en la force de l'amour, à son évidence et à ses bienfaits.

Je crois qu'on peut changer d'avis et rechanger encore.

Qu'on peut se tromper, s'égarer et revenir sur ses pas.

Je crois qu'on peut quitter et être accueilli de nouveau.

Je crois qu'il n'y a ni ordre, ni vérité établie, encore moins de décision définitive.

Je crois en l'autre.

Drôle de vie,
Toujours amoureux à la folie,
Des océans aux grèves lipstick,
Des sources aux conques de rosées,
Ignorant, empreint de déni mortel,
L'ego de ma nature factuelle,
De déclarations enflammées,
En mensonges éhontés,
Des pages à arracher,
Aucune, c'est un seul chapitre,
Un texte unique, des histoires inscrites,
Pas d'oubli, tout est beau,
La souffrance est une joie,
L'amour cruel, tant pis pour toi,
L'enfant parle, de tout son cœur,
A l'adulte empêtré, captif de ses peurs,
L'enfant s'échappe, s'envole sans cri,
De ses petites ailes dont tu as ris,
Tant pis pour toi,
Lève les yeux vers les nuages,
Il est là,
Libre, désentravé du bâillon,
La parole claire, l'émotion acceptée,
La tristesse ou le bonheur exprimés,

Sans rancœur, sans regret,
Comme une barrière, un rempart élevé,
Haut les murs,
A l'intérieur fleurissent les champs,
Fertiles aux bourgeons de printemps,
Et à l'enfant qui n'a oublié aucun mot,
Aucune caresse de saute-ruisseaux,
De son nuage sans amertume,
Il sait dire je t'aime,
Légitime, reconnu, trait d'union,
Le chevalier a vaincu le dragon,
Qu'ils reposent maintenant en paix,
Le combat a cessé,
Je suis un enfant libre.

A mon père, à ma grand-mère,
Vous êtes l'hymne de la lumière.

Un tapis velours, douceur,
Volupté,
Terre fleurie, nectar d'abandon,
Générosité offerte, tout un champ,
Viens,
T'oublier comme un enfant,
L'orage a lavé le cœur,
Mille soleils en partage,
Rien ne t'appartient qui est sage,
Exubérance et printemps,
Viens !

La mer a découvert l'instant,
Ni beau ni laid, un puit,
Le sable couleur de dédit,
Ni blanc, ni gris, passant,
La pluie est soumise
A l'avenir du sentiment,
Le cœur plie sous la brise,
Dans le silence sans fin,
Donne-moi la main.

Je n'ai jamais cessé de rêver,
Le jour,
Je rêve toujours,
Éveillé,
Je rêve de possibles,
Pas de monts et merveilles,
Sauf d'une, la vie.

Présages d'étoiles

Le jour se lève cruel ou bleuté,
Sur des jamais,
Des toujours,
Mots d'amour,
De désamour,
Noir ou blanc,
Jaillis des sentiments,
Sentence ou promesse,
Espoir ou tristesse,
Il n'est de jour qui se lève que la pensée n'observe.

In cauda venenum

Aussi, j'ai appris à me méfier du mensonge et de la lâcheté. Malgré que ma nature tende à donner ma confiance à chaque personne qui se présente face à moi.

Les mauvais me montrent rapidement que je dois être prudent avec eux. Les autres, la plupart, méritent, cette estime.

Les actes sont révélateurs.

Les paroles, du vent.

L'absence est à l'amour ce que le vent est au feu.

Si le brasier est petit, le vent l'éteint, si l'incendie est grand, le vent l'attise.

Sybarite, oui, je revendique,
Courte ou longue mais unique,
Je t'aime,
Cigares et cognacs, plutôt chers,
Raffinées et intelligentes, la chair,
Valeurs et engagements, de même,
Fidèle à l'extrême,
J'aime une étoile exceptionnelle.

Faire de nos blessures une Chance.

De luciole à étoiles

J'ai découvert sous la rocaille du jardin
Un brin sauvage et solitaire de muguet,
Un signe, peut-être, l'illusion d'un destin,
Que fais-tu là, loin de ton terreau de mai,
Sur ce sol étranger aride de matins,
Monte sur les ailes du joli vent léger,
Il souffle vers un clos odorant de Chance,
Doux parfum de folles espérances,
Porte-lui mes vœux sincères du cœur,
Illumine son chemin d'un tapis de fleurs,
Je te confie à lui murmurer la présence
D'une âme à l'aube de sa dernière séance.

Moisson

En voyage autour du soleil,
Le tien, le mien,
De découvertes en merveilles,
De matins en bleus desseins,
Ta vie, ma vie, l'étincelle,
Ça tourne, sublime ivresse,
Trop vite, tu t'éteins,
N'aie crainte,
Je poursuis, viens,
Je t'entraîne, tu es sublime,
Voilà que tu irradies,
De renouveau, de défis,
Splendide.

Tarés

A tous ces hommes de papier,
Ces mecs inébranlablement dévoyés,
Ces gugus totalement fragilisés,
Situant le cerveau dans leur ego,
Prêts à toutes les violences et lâchetés,
Complices et séides,
Sachez,
Que j'ai à vous opposer,
Votre lamentable inutilité,
La faiblesse de votre existentialité,
Les coups et les insultes répétés
Ne sont que l'affirmation de la débilité,
Vous êtes la lie de l'humanité.

Déclaration

Je ne t'ai pas aimé au premier regard,
J'ai aimé ta présence,
Admiré ton intelligence,
Apprécié ton élégance,
Puis,
J'ai regardé tes yeux,
Écouté ton esprit,
Attendu tes paroles,
Espéré un signe,
Et,
J'ai succombé à ton charme,
Envoûté par tes mots,
Emporté dans le tourbillon,
Cédé à ton idée, parce qu'elle disait vrai,
Alors,
Je t'ai aimé,
Avec mon cœur en entier,
A corps perdu sans retenu,
Avec dans l'âme la certitude,
C'est Toi,
Depuis,
Je t'aime au fond de moi,

Une seconde après l'autre,
De tout ce qui est ta vie,
Définitivement,
Je t'aime, épouse-moi.

Vita mia

Je me suis allongé dans l'herbe tendre, berceau des nymphes,
Fleurs épanouies, fruits naissants,
Délicieuse paresse,
Lové en son sein, j'ai senti combien je suis un enfant de la vie,
Elle ne peut pas me mentir,
Je lui fais confiance.

Murmures

Éphémère, évanescent, mille ans,
Je ne suis là que dans l'idée de l'instant,
Espace fugace, bercé par un regard,
Joyau vibrant d'émeraude sans hasard,
Un phare vibrant de riante liberté,
Au courage, l'impatience apaisée,
Pour gagner en éternité ce moment,
Ultime, souffle d'ange, léger frôlement,
À retenir l'âme d'un frisson éternel,
Le temps s'éteint sur ce doux requiem,
Je t'aime.

Au hasard et à la vie

J'ai prié, un jour, agenouillé sur des heures,
Prié, je ne sais qui, pour ton bonheur,
J'ai prié, ce même jour, pour ton retour,
Prié, je ne sais qui, pour l'Amour,
Maintes bougies pour éclairer le silence,
Des multitudes d'invocations d'encens,
Tu as comblé l'absence,
Il faut bien que tu sois une étoile
Pour qu'ainsi, je ne sais qui, te parle,
Aux marches de ton sanctuaire,
Je reste, sans plus besoin de prières,
Confiant, heureux de te voir sereine,
Servant, humble de frôler un jour l'Eden,
Que revienne ce cri qui a déchiré la nuit,
Tu l'imagines,
Un je ne sais quoi d'absolu, d'infini.

A demain, sur la lune

Tu sais,
Ne crois pas le temps qui passe,
C'est un menteur qui efface
Les instants précieux, l'amour naissant,
Les couleurs et les fleurs des champs,
Ne crois pas le temps qui passe,
Il emporterait avec lui le charme,
Te laisserait des soirs de nostalgie,
Et de solitude, sans magie,
C'est un traître le temps d'avant,
Crois au beau temps qui vient,
Tout à l'heure, demain,
Je serai ton amour, tu seras mon monde,
La course du temps, nous l'arrêterons,
A grands élans de passion, vivons,
Libre, sans temps, juste des secondes,
D'éternité.

La vie est bleue

Du bleu,
Dans le ciel et dans la vie
Dans les yeux et dans l'envie,
Du bleu,
Pour réparer des vilains bleus
Les écorchures des fesse-mathieux,
Du bleu,
Pour repeindre tout en bonheur
En azur et en riantes couleurs,
Du bleu.

Rose et les fleurs sauvages

Tu peins le soleil sur des pierres profondes,
D'un sourire, d'un pinceau de sève blonde,
Une toile grise devenue tableau vivant,
Les rêves soyeux d'un matin renaissant,
J'aime cet éclat qui dispose du temps,
Sentiment fugace, fleur éphémère,
N'oublie pas que je ne suis que chimère,
Tu es la vie au doux parfum de chance,
Je ne suis que le prélude de l'absence.

Champagnat

Dites-lui

Dites-lui qu'on peut continuer à aimer,
Qu'en conscience et à distance, le cœur continue à battre,
Que sans rien attendre, l'âme reste attachée avec un fil invisible,
Comme une porte sans serrure, ouverte sur un amour indélébile,
Dites-lui qu'il n'y a pas d'oubli sans nostalgie,
Que Rome, Madrid et Paris s'ennuient de nos mains enlacées,
...si vous savez.

Requiem pour un pétale

Sur le bas du fossé, la petite fleur gît,
Déracinée par le vent dont elle a tant joué,
Bousculée par la bourrasque, déjà flétrie,
Oubliée du soleil, minée de fausse liberté,
Les couleurs ne sont plus que du gris,
Nul subterfuge ne saura la ranimer,
Adieu papillons, envolés, échec et mat,
Bientôt, une lourde semelle maladroite,
La réduira en rêves inassouvis, crash trash,
Peut-être un enfant de passage t'a dessiné,
Vain souvenir, vite oublié, tiroir térèbre,
Tombeau des charmes éphémères,
Souviens toi,
Tu étais lumineuse étoile solaire,
Coquelicot passion accroché à l'existence,
Rose entêtante au parfum de chance,
Tu étais arbre aux racines profondes,
Au fond de ce caniveau, la vie renonce,
Empoisonnée par la culture du mensonge,
Paraître et disparaître, destin de fleurs.

Le cours des choses

Retro de misère

Alors, nous n'aurons vécu qu'une trentaine d'années, libérés de cette pesante, étouffante morale ?
Et sous prétexte que vous êtes fragiles, que tout vous est dû, que vous êtes malheureux et surtout mal élevés, nous devrions revenir à ces ordres qui valorisent les hommes complexés au détriment de la liberté des femmes ?
Et bien non, nous on veut des seins nus sur les plages et des strings invisibles, des filles qui fument dans la rue en talons hauts et mini-jupes, des terrasses joyeuses, de la musique et surtout des femmes libres.
Du cassoulet et des saucisses, de la choucroute et de la bière, du pinard et de la daube.
Cessez les transferts, rasez vos barbes, fleurissez les chattes.
Du cuir et des jarretelles, des bas et pas de haut, de la soie et pas de saint.
Sade, Mylène Farmer et Suzy Q.
Pas de valeurs actuelles que du Charlie Hebdo, rendez-nous Cavanna et Choron, virez Bolloré et Hanouna, ressortez Hara-kiri et les guignols.
De l'air, bordel !

Pauvre fou

Il faut un incroyable talent pour aimer vivre.
Sans celui-ci, c'est survivre et subir.
Transformer la boue sous les pieds en sable doré, dessiner du soleil parmi les nuages d'orage, changer en fleur l'injure.
Il faut de l'abnégation pour voir dans chaque addition la chance de payer.
Offrir un sourire en échange du mépris.
Tendre la main sans souffrir du dédain.
Il faut une formidable envie d'essuyer sans colère le venin, relever les yeux vers le tournant du chemin.
Il faut de l'amour pour ignorer le regret, cultiver un jardin dévasté et croire que l'heure prochaine sera regain.
Il faut de la folie pour survivre au silence.

J'ai fait un rêve.

Il avait un homme...

...assis sur un tronc d'arbre, parmi les herbes de la petite berge.

Devant lui la rivière coule paresseusement en cette fin d'août. Quelques colverts fouillent la vase pendant que les foulques sèchent leur plumage. Il a vu quelque chose plonger de la rive en face, sous les taillis qui couvrent le bord de l'eau. Ragondin ou peut-être une loutre, il paraît qu'on en a vu une non loin d'ici. Il n'a pas identifié l'animal, juste vu le mouvement et le clapotis de l'onde.

Les oiseaux orchestrent l'atmosphère de leurs trilles, c'est l'opéra qu'il préfère, sa musique favorite.

Le ciel est clair, un azur provençal taché de quelques volutes blanches. Dieu est un fumeur de Havane, encore et toujours. Le soleil du matin fait vibrer l'eau du reflet des grands arbres.

La lumière est moins aveuglante comme pour prévenir que la saison s'apprête à basculer vers une douceur pourpre.

Il fait doux, il fait bon, tout est bien, dans le calme et la sérénité de ce bel endroit

Le cœur de l'homme se fige brusquement, je sens plus que je ne vois ses muscles se tendre, se tétaniser et paralyser son corps. Il ne crie pas, n'émet pas un son.

La respiration se bloque, sa vue se brouille.

Il tombe en avant, lentement, dans la rivière, sans un bruit.

Il ne se débat pas, aspire une bouffée d'air qui envahit son corps en une masse liquide. Sans douleur.

Je le vois couler, sur le dos, ouvrir une dernière fois les yeux sur les arbres et le ciel, rendus flous par l'eau, explosion de gouttes de couleurs, myriades d'étoiles.

C'est la dernière chose qu'il voit. Les larmes regagnent la source.

Voilà, c'est ici et comme ça que ça se termine.

Je l'entends penser. C'est le bon endroit et le bon moment.

C'est une belle journée.

Je suis immobile, incapable de bouger, vous savez, dans les rêves lorsqu'on veut faire un mouvement souvent le corps refuse.

Alors, je suis allé moi aussi m'assoir sur le lieu de mon rêve.

Personne ne gisait au fond de la rivière. Il y avait juste une plume, que le flot n'entrainait pas, têtue et légère, comme refusant de se laisser entraîner vers l'adieu.

Souvenir d'un oiseau de passage.

Tant pis

J'ai souvent l'impression de déranger lorsque je fais acte de gentillesse, parce que le monde est violent, parce que l'époque est superficielle, virtuelle, égoïste et que la bienveillance n'a rien à faire dans une société déshumanisée.

Valoriser, complimenter, accompagner, encourager sont des exercices rendus difficiles par le cynisme et l'affairisme régnant.

L'incompréhension, parfois la crainte, apparaît dans le regard qui s'interroge du prix à payer de l'altruisme.

Alors, tant pis, je continue à passer pour un extra-terrestre, à "perdre mon temps", à "m'épuiser pour rien", parce que si une fois, une seule fois, la réussite, la confiance, le réconfort s'installent, pour moi aussi, la vie s'éclaire.

Ni naïf, ni religieux, ni con, la gentillesse c'est un regard lucide et attentif sur le monde.

J'en parle avec ma chienne

J'ai déconnecté mes messageries, coupé mes comptes. Ensuite, j'ai éteint mon téléphone, je l'ai déposé au fond d'un tiroir.

Ça ne change rien, tu vois je n'ai pas moins d'amis, pas moins de relation.

Oh non, je ne parle pas des appels pour le travail ou de ceux qui ont une demande, ceux-là n'ont pas vraiment besoin de moi, ils ont besoin de facilité. Mon téléphone cesse de sonner le vendredi vers dix-sept heures.

Je me suis souvent demandé ce qu'il faut représenter ou posséder pour bénéficier d'amitié. C'est la quête d'un héros que je ne suis pas. Ou bien est-ce une légende, un film, cette fameuse relation qui unit les personnes sans autre intérêt que celui de l'autre, pour ce qu'il est.

Je lis déjà tes commentaires sur les bienfaits de la solitude. Me fais pas chier, ce n'est pas un bienfait, c'est une abomination. Et passe-moi la morale sur les gens, je ne vais pas commencer à écouter ces salades, ni hier, ni aujourd'hui, ni demain. Et puis, vois-tu, ne t'en déplaise, je connais les hommes, et les femmes, mieux que beaucoup de gens.

Ce qui est semblable, c'est que personne ne s'apercevra que je ne suis pas joignable, aucun repas ne prendra du retard à cause de moi, je ne manquerai pas. C'est comme ça. Il fallait être identique ou misanthrope.
Pas différent et amoureux de la vie.
Un enfant, je sais, naïf, curieux.
Le silence reste le même, le manque aussi.
Je renonce. J'abdique.
Mais crois-moi, c'était chouette de croire en l'amitié.
Je serai donc comme tout le monde, regretté après. Si jamais après il y a.
Pour l'instant, je poursuis une route étrange, déserte, comme une décharge, traversée par des ombres mécaniques, des ersatz d'humanoïdes, comptant, calculant, pesant, jugeant, évaluant, plaçant.
J'ai éloigné de mes pensées les déclarations et les sourires, les souvenirs menteurs. Je n'ai pas l'abnégation de Pierre, la foi de Thérèsa, lorsque je comprends l'échec et l'inutilité des actes et des choses, je me détourne, j'oublie.
Non, n'imagine pas ça, je ne me plains pas, je te l'ai dit, connaître les hommes, c'est savoir comment ils agissent.
Oui, bien sûr j'en souffre, ma folie, mon utopie si tu veux, me fait toujours croire que tout est possible.

Par chance, j'ai la confiance des oiseaux, tu sais, je ne mise pas sur la branche mais sur mes ailes.
Et je m'envole.

Les étoiles sont filantes

Je suis allé prendre un café ce 23 décembre, dans cette petite ville qui se meurt sous les fallacieuses illuminations de Noël.
La brasserie, quasiment vide, comme les rues, n'accueillait ce matin que de rares égarés matinaux. Les habitants de la cité avaient visiblement foutu le camp vers les cimes enneigées. Ou s'apprêtaient à prendre d'assaut les supermarchés.
Je me suis perché sur un tabouret du bar, j'aime m'assoir au comptoir plutôt qu'en salle. On peut y cultiver sa solitude ou au contraire discuter avec tout le monde. Selon l'humeur du jour.
Le serveur a rapidement saisi que ce n'était pas un jour de beau temps. Il n'a pas engagé un débat sur la météo ou les derniers égarements gouvernementaux.
A côté de moi, deux hommes discutaient. Au ton des voix, on percevait l'amitié qui permet de dire les choses sans crainte de jugement ou de réprobation polie.
Plongé dans mes pensées, totalement absorbé dans la contemplation de la machine à café, malgré moi, mon attention a été attirée par la conversation voisine.
- Comment, toi, le chantre de la vie, le pape du bon moment, peux-tu concevoir une telle chose ?

- Justement pour ces titres que tu m'accordes.
- Explique moi ça !
- Tu sais, aimer la vie, c'est être lucide. J'ai subi tous les échecs plutôt que de ne pas oser. D'aucun, je n'ai conservé de regret. Je me suis offert quelques victoires. Sans triomphe. J'ai ri, beaucoup, aimé à la folie, souffert et pleuré comme tout un chacun, j'ai donné autant que je pouvais, très peu pris. Je suis heureux de ce parcours.
- Alors, pourquoi veux-tu arrêter ?
- Écoute, la vie c'est comme grimper à un arbre. Tu montes pour te donner l'illusion que tu t'éloignes du sol, parfois les branches craquent et tu te rattrapes comme tu y arrives. Et puis un jour, tu atteins le sommet et tu touches les étoiles. Tu n'iras pas plus loin. Lorsque les étoiles s'éteignent, tu baisses les yeux et tu regardes en bas. Là, tu as le choix, attendre que la cime se brise, redescendre ou sauter. Parce que c'est fragile une cime d'arbre, le moindre vent contraire, un souffle mauvais, hop ça se brise.

Le ton était plutôt léger, entre ironie et cynisme, le tout sonnait comme un pied de nez, le récit d'une farce.

- Tu as touché les étoiles ?
- Oui
- Et tu vas sauter ?
- Oui

- Pourquoi ne pas redescendre.
- Parce que j'ai touché les plus belles et que les autres ne sont que des éclats. Le cœur et l'âme savent quand ce que tu vis est le meilleur. Ils savent que plus rien ne sera à cette hauteur. C'est eux qui te préviennent que tu as atteint le but, ton Graal, et que le reste ne sera qu'une errance.
- Beaucoup d'étoiles sont magnifiques. Si tu retournes à la cime, tu vas en atteindre de plus belles.
- C'est trop tard, regarde-moi, tu me vois remonter aux arbres ?

Ils rirent, lui franchement, l'autre moins.

Il y eût ce moment de silence qui imprègne dans l'esprit le poids des intentions.

- C'est terrible ce que tu dis !
- Pour qui, pour toi, pour moi ?
- Bien sûr pour moi et je ne serai pas le seul. Et pour toi évidemment !
- Tant mieux, ce sera la première fois que je fais l'unanimité ! s'écria le gars dans un grand rire.
- Dis-moi que tu me chambres ou que tu es malade ? Ou que comme avant, tu as fait l'apéro ce matin ?
- Non, rien de tout ça.
- Tu es malheureux alors ?

- Non, ni malheureux ni heureux, parfaitement neutre. Lucide, conscient. Tu sais, il ne faut pas encombrer. Ni les gens avec des salades, ni ton esprit avec des étoiles éteintes.

Il a tourné la tête vers moi, ses yeux bleus rivés dans les miens, nous avons échangé un long regard. Puis, avec un sourire du coin des lèvres :

- Regarde le monsieur à côté de moi, il a écouté et je sais qu'il a tout compris.

Je suis sorti de la brasserie. Le mistral pressait les quelques passants, un rayon de soleil ridiculisait les guirlandes.

Dans ma voiture, le téléphone s'énervait de mon absence. Je l'ai balancé sur la banquette arrière, jeté un regard en direction des étoiles, pour vérifier. Les miennes étaient éteintes. Alors, j'ai pris la direction de ma rivière et des grands arbres. La cime des arbres.

Les heures vides

Ne me faites pas l'insulte de me croire en deuil, ne vous fiez pas à ces trop écrites étapes que vous pensez incontournable.

Je ne suis pas en deuil, je suis en plaie ouverte. Je saigne à gros bouillons rouges dégueulasses, hémorragie permanente, incompréhension morveuse, dégoulinante d'inutilité, affligeant spectacle d'un trottoir souillé à la Jef.

Je ne suis pas en deuil, pas en phase numéro x, je serre mes artères tranchées, garrot strident, ridicule geste d'espoir ruisselant. C'est laid un homme qui a mal, c'est vil.

Je ne suis pas en deuil, je me vide de mes fluides, j'évacue, je refuse, c'est puant un homme qui s'accroche à l'infime lueur de ce qu'il y a de plus bas, la pitié.

Je ne suis pas en deuil, cela voudrait dire que je vais guérir, alors que je suis déjà parti, corps et esprit absent de la vie, lucide, froid, à terre, inutile, gênant.

C'est gênant l'expression d'un départ, dérangeant. Ne vous souciez pas de l'être, vous ne verrez rien d'hideux, mis à part en phrases, la fin n'est pas toujours visible.

Rien ne chagrinera le cours des jours, chaque chose faite avec la routine obligée, bonne figure, tête haute, bonjour Madame, panier porté et sourire de façade, ça vous va ?

Surtout ne pas troubler le cours, les émotions se vivent dans l'obscurité. Et puis, pour qui ?

Il y a des absences que beaucoup de gens ignorent parce qu'ils ne regardent pas les yeux.

Je ne suis pas en deuil, il y faudrait seulement de la souffrance.

Ah encore, dis-tu, tu te plains ? Et qu'y puis-je, tu crois que j'écris pour faire concurrence au rossignol ? Sinon, je chanterais et c'est toi qui pleurerais.

Passez, passez...

L'ordinaire du funambule

Vous le savez ce moment où l'âme flotte en équilibre entre le néant et le vide, comme un noyé qui retient son dernier souffle.
Partagé entre le désir de l'éther et l'idée de n'être plus.

Beaux discours

Non, elle n'est pas belle la vie !
J'm lève à cinq heures tous les matins,
Qu'importe mes faiblesses et mes chagrins,
Pour aller m'user sur un balai et une serpillière,
Pour que tu trouves propre ton bureau à dix heures.
Moi j'bosse la nuit pour soigner des p'tits vieux,
Qu't'as pas voulu garder chez toi,
Parce que les vacances en Espagne c'est sacré.
J'me fais insulter par des mouflets scolarisés,
Soutenus par leurs parents complètement hanounés,
Parce que la télé c'est plus facile que la conscience.
Moi, mon salaire ne me permet même pas de mourir de faim,
J'complète aux restos du cœur, Coluche si tu savais,
Comme tu fais bien leur boulot.
Alors elle est belle cette putain de vie ?
Entre torgnoles et soumission, intellos et bobos,
Litanies de misères, soigneusement tus, artificiellement médiatisées,
Pour les besoin d'une cause politique passagère et vite oubliée,
C'est vrai qu'eux ont toujours du positif à la bouche,

Faut dire qu'à y réfléchir, ça ne coûte guère,
Un p'tit mot d'amour pour des gens,
Dont tu te gardes bien de connaître les détails,
D'un quotidien ne que t'imagines même pas dans tes cauchemars,
Elle n'est pas belle la vie....

Trop

Je t'ai regardé traverser la route en sortant de la voiture. Tes cheveux dans l'air du midi, tes épaules, ton dos, tes hanches qui roulent et ton cul qui crie vient.

Lorsque tu es entrée dans la boulangerie, je me suis senti très seul. Comme si le mirage avait disparu. Et un peu jaloux. On est vite con quand on aime. Je n'aime plus le pain, il te sépare de moi. Finalement, je n'aime plus que toi.

Je me demande si tu ressens la même chose lorsque je cours au tabac et que tu restes dans la bagnole. C'est toujours ça la question, est-ce qu'on est deux dans l'amour ?

Faut faire gaffe avec ces pensées, donner, beaucoup, mais savoir se réjouir de la manière d'être, d'aimer, de l'autre. Sinon, ça pourrit tout.

Moi, je t'aime trop, je le sais et toi aussi. Alors, je redescends, je te fous la paix. Je ne veux pas t'étouffer. Je te mate, je t'admire, mais je la ferme. Comme lorsque tu vas à la boulangerie.

Tu remontes dans la voiture, juste un petit regard, je pose la main sur ta jambe et démarre. C'est comme ça que tu m'aimes, lorsque je ne t'encombre pas, lorsque c'est inutile d'en ajouter. Parce que tu m'aimes.

Sinon, tu ne serais pas là.

Toujours

- Et alors, tu vois, du plus profond de ma tristesse, je ne lui en veux pas.

Je reste là, les bras ouverts, le cœur béant, comme un gouffre sans fond, une crevasse de glacier, froide, dure, inhumaine.
Lui en vouloir ? Mais pourquoi ? Elle a le droit. J'aurais dû cesser de l'aimer, mais je n'avais pas de raison.
- Et que vas-tu faire ?
- Continuer à l'aimer, que faire d'autre ? On ne change pas une idée lorsqu'elle est belle, pure et qu'elle n'embête personne. Surtout si tu sais qu'à un moment, ça lui a fait plaisir. Je ne veux pas repousser ce dernier cadeau de la vie, ce serait une insulte. Alors, je continue comme si elle allait passer la porte, à chaque instant.
Et si elle entrait maintenant, je ferai comme si elle était sortie à l'instant.
Parce que je ne sers à rien sans elle, elle n'aimait pas que je dise ça.
Mais pourtant c'est vrai. A quoi ça sert une danse s'il n'y a pas de hanches à guider, à quoi sert une main sans sein à frôler ?

J'ai aimé le matin parce qu'elle se levait et le soir parce que je la retrouvai.

Je n'habite plus que des jours sans réveil et des nuits sans étoile.

- Et ça ne te fait pas mal ?

- Si. Mais moins que de ne pas l'avoir rencontré et aimé.

Volubilis

Bien sûr, il y a toujours de l'attirance sexuelle dans une relation.
Mais quand nous nous sommes rencontrés, bien avant de faire l'amour, j'ai tout de suite eu peur. Peur de te perdre.
Non pas la sexualité mais toi dans ton entièreté. J'ai tout de suite ressenti le manque.
Le sexe, c'est facile, l'amour n'a pas besoin d'être de la partie.
Mais l'être, toi, a immédiatement fusionné avec la teneur de la vie. Du sens de la vie.
Au fond, peu m'importe pourquoi, mais comme l'air, tu es un besoin existentiel.
Et c'est le même mécanisme que la respiration naturelle, en l'absence, la vie est impossible.
Ce partage, l'échange, l'amour, qui font partie de ma vie, ont trouvé en toi, lumineuse étoile, la raison, le sens, le but du pourquoi j'existe.
C'est pourquoi je connais tes valeurs, tes qualités rares, que je ressens ta souffrance, que j'identifie les difficultés. Que je ne crains aucun obstacle parce que je me bats pour respirer.
Comme toi.
Et c'est cela que je nomme l'Amour.

Faux silence

J'ai pris mon café sur la terrasse.
Pas un bruit sauf le chant des oiseaux. Dans l'arbre qui surplombe la maison, un couple de ramiers construit un nid en roucoulant doucement. Comme s'ils échangeaient des mots tendres à chacun de leur retour, une brindille dans le bec. Au même moment, les huppes s'agitent, bien plus que les autres jours, sans un bruissement d'ailes. Elles multiplient les passages dans le creux du rocher, un insecte, une chenille dans le bec. Je crois que les petits vont faire leur premier envol.
J'entends un chien aboyer au loin.
Bestiole est couchée à mes pieds, silencieuse, attentive à ce remue-ménage serein et paisible.
Les écureuils sont passés, bondissant d'une branche à l'autre pour sauter au-dessus du chemin. Remarquables éclairs roux. Avant eux, c'est un lièvre qui est venu observer son territoire, ses longues oreilles à l'affut, dressé sur ses pattes arrière, sentinelle furtive d'une nature apaisée.
Les mésanges inspectent le mur de pierre, piquant effrontément les anfractuosités, sans inquiétude de l'inoffensif humain. Tout n'est que chants, trilles, appels, bruissements, intensifiant la quiétude.

Spectaculaire de simplicité, le grand cirque sous le ciel d'azur, la représentation parfaite de la vie, symphonie aérienne, légère en même temps que puissante et profonde. Une incroyable beauté, harmonieuse et réconfortante. Un matin sur la terre.

Merci Toulouse-Lautrec

J'ai de l'affection pour les putes. Celles des réverbères, fringuées à t'en faire chavirer le cerveau, celles des bordeaux, dentelles et guêpières, celles des bistrots de nuit, tu m'offres un verre mon loup. Elles ont la véracité de leur fonction, la franchise de leur état.

Tous les hommes aiment les putes, vos maris aussi. Même ceux qui font des grandes circonvolutions morales. Surtout ceux-là. Ce sont les meilleurs clients de ce commerce. Les seules qui les libèrent, les font bander.

Mais je n'aime pas les putes par vice. Celles qui s'achètent de belles conduites, maris, mouflets, maisons, chienchiens. Et qui ont dans l'âme de quoi pourrir gratuitement la vie des autres. Gratuitement. Par simple vice, détraquement de la fonction cognitive, perversité ou frustration.

Pas de dentelles, pas de rouge à lèvres outrancier, pas de sexe mais de la pourriture dans la tête.

Vous les reconnaîtrez facilement, enfin vous croyez, souvent larmoyantes, emplies de bons sentiments, dévouées, sympatoches, propres sur elles, mais le cul sale.

Quand viendra le coup, que vous ne tirerez pas, elles jouiront. Pauvre orgasme, petite contraction, misère de plaisir, frugal repas, gloire éphémère.

Il est des foyer où la plénitude sexuelle est rare.

J'en rencontre de ces engeances, leurs ingénieuses duplicités, leurs artifices ravissent toujours mon esprit.

Sur leurs victoires laborieuses, je pisse roide, à gros bouillons, employant là la vulgarité qui leur convient.

Lorsqu'on connaît le prix dérisoire d'un gode, on comprend que le monde irait mieux si l'information était ouverte à plus de gens.

Un jour, quelqu'un a dit devant moi, à un exemplaire de cette catégorie, tu es tellement conne que tu ne peux même pas faire la pute.

La dédicace est évidente.

Toulouse

J'ai toujours aimé chatouiller mon contemporain.

Ce matin, au marché de Toulouse, dans un petit bistrot derrière les halles, le patron me tend la carte pour un petit déjeuner.

Je choisi la formule café, viennoiserie (chocolatine ou croissant), jus de fruit.

"Avec un pain au chocolat", péremptoirè-je, l'œil gourmand de la contradiction qui allait bientôt m'être assénée :

"Vous voulez dire une chocolatine ?"

Et rien, nada, que dal, zobi, aucune forme de rébellion, pas d'air outré, pas de regards sourcilleux, pas de montée sur les grands chevaux de la culture outragée.

Un sourire moqueur.

"On dit comme on veut, je m'en fous complètement", avec ce délicieux accent de Toulouse.

Merci Monsieur de ne pas répliquer à des stupides provocations dominicales, la paix vaut bien une écorne au langage local.

Si vous passez par Toulouse, allez boire un café, où ce que vous voulez à La Rotonde, derrière le marché Victor Hugo, les habitués parlent de rugby, le patron est sympa, le béret se tient fièrement sur la tête des solides.

J'aime les villes lorsque le jour découvre les contours, avant le bruit et l'empressement, les trottoirs mouillés et les premiers travailleurs qui s'activent.

J'aime ces matins où la paix prime.

Il y a bien des mots qui se cachent au fond de l'âme et qui devraient se partager, bien des phrases à crier à la face du monde, il y a des évidences qui libèrent, exaltent, effacent la contrainte et le gris des jours, gomment les larmes du ciel.
Des mots de vie.

Je ne crois pas au destin, je m'interroge encore sur le hasard.
Je crois en l'alchimie de la rencontre, dans la symbiose des êtres. Je crois au regain, en la capacité de se transformer. Je crois en la naturelle aide, à la générosité, au partage.
Je crois en la force de l'amour, à son évidence et à ses bienfaits.
Je crois qu'on peut changer d'avis et rechanger encore. Qu'on peut se tromper, s'égarer et revenir sur ses pas.
Je crois qu'on peut quitter et être accueilli de nouveau.
Je crois qu'il n'y a ni ordre, ni vérité établie, encore moins de décision définitive.
Je crois en l'autre.

Le retour

L'automobile a inventé deux crimes contre le respect et l'intelligence : la voie du milieu et le régulateur de vitesse.

Non contrôlé dans l'assurance de son bon droit, le conducteur lambda, que nous nommerons Kevin (ou Kimberley, des vieux copains, vous vous souvenez ?), plus vautré qu'assis au volant d'une brouette aussi banale qu'il est con, arpente l'autoroute.

Vitesse garantie par son putain de régulateur, il a choisi cette allure et n'en démord pas. Il est reconnu qu'il n'y a que les imbéciles qui ne changent pas d'avis, lui est définitivement inscrit dans la catégories des vainqueurs.

Quoi qu'il arrive, qu'importe ce qu'il survient, sa vitesse ne varie pas. Quitte à mettre cinq kilomètres pour dépasser un autre usager, tel le poids lourd moyen qui occupe la voie centrale à 90,5 kms/ heure pendant dix bornes pour doubler un autre qui affiche 0.1 kms/heure de moins...

Kevin est prêt à conduire un quarante-deux tonnes. Dans sa tête.

Kevin, grâce à cet outil limitateur de matière grise, a découvert qu'il peut s'installer sur la voie centrale, en dépit de tout ce que le code de la route a vainement tenté de lui inculquer, et de cet endroit stratégique, ignorer totalement les autres usagers. Il serait intéressant de faire le ratio entre les utilisateurs permanent de cette voie et les consommateurs invétérés de pétards.

"Je pars de Toulon, je vais à Lyon, je mets le régulateur à 110, je m'endors sur la voie centrale et je t'emmerde, con" (petit vocable en usage dans le Sud et qui s'accorde parfaitement avec Kevin et Kimberley).

Sans réaction aux appels de phares, insensible aux freinages d'urgence, inconscient du danger que représente une chicane mobile, il progresse, canette dans une main, téléphone dans l'autre, ou crispé sur le cerceau du volant comme le commandant d'un tanker dans un ouragan du sud Pacifique. Ou pionçant.

Ces australopithèques utilisent des moyens modernes et légaux, mis à la disposition d'abrutis notoires, tandis que la maréchaussée s'évertue à trouver criminel de dépasser la vitesse de deux kilomètres/heure et feint d'ignorer le danger permanent qui s'écoule sous ses radars.

Bulle

Rien foutre, un art, une compétence.
Beaucoup s'y essaient, peu réussissent.
C'est sélectif, faut s'entraîner, se préparer, se motiver.
Il faut oser.
Ne ratez pas votre dimanche !

Au revoir

Samedi,

Les demoiselles bleues ont guidé la lenteur de mes pas vers les hautes herbes de la rivière.

Un prunier sauvage me tend ses fruits aigrelets, rosés et verts.

Je fais de cette manne colorée un festin de roi, amertume et sucre naissant me ramènent dans la réalité de ce qui fait la vie, chants d'oiseaux, murmures d'eau, silence des avions.

Les fruits que fauvettes, mésanges et insectes ont égratigné de leurs becs et dards, fins connaisseurs, maîtres des goûts, sont mes préférés.

Calme, sérénité, j'oublie la course du rat, cette ersatz d'existence, frénésie ubuesque, que les hommes s'emploient à s'infliger comme seule possibilité de vivre.

S'approche, à grandes enjambées, le moment de dire moi aussi :

Adieu les cons !

Tu es belle

Je me demande si on se lasse de la beauté.

De celle qui sert d'étendard, comme une nouvelle robe ou une belle bagnole, certainement. La routine, l'habitude vont rapidement éroder le vernis et tu vas tourner tes yeux vers d'autres faire-valoir qui combleront à nouveau ton ego en mal de représentativité.

De cette évanescence-là, on se lasse vite.

Même s'il s'agit de personnes.

En revanche, si chaque regard vers cette beauté te ressource comme une eau fraîche au cœur d'un été chaud, si à chaque fois, elle éclaire ton cœur, si tu ne la considères pas comme une propriété privée mais comme une chance, cette beauté est éternelle.

J'ai retrouvé la rivière ce matin.

Paternité

Les gars, on endosse une fonction plus ou moins volontairement, plus ou moins consciemment, être un père.
Comme disait l'autre, tout le monde sait faire les bébés, personne ne sait comment on fait les papas.
Tu n'es pas une nana, mec.
T'as le désir, elle a déjà l'amour.
Elle, sent grandir, bouger.
Elle, fait sacrifice de son corps, de son temps, de sa chair, offre sa douleur. Elle paye d'avance son amour.
Toi, de ta meilleure volonté, tu es un voyeur sincère, un accompagnateur fidèle, un serviteur modèle.
T'es loin derrière question amour, t'imagines pas ce qui se transcende dans ce ventre rebondi, cette cascade passionnelle intarissable entre cette mère et cet enfant. C'est l'apocalypse fusionnelle, le premier matin du monde.
Et puis, le jour où il arrive le mouflet, tu le prends l'amour, dans la gueule, comme le soleil d'été à la sortie d'un tunnel de montagne. C'était quoi ta vie avant ? Tout balèze que t'es, t'es tout minus face à c't'p'tite bouille, t'as plus d'force pour lever ce petit poids.

Mais t'es en retard gars, t'es le deuxième, tu seras toujours le deuxième. Malgré le nez rouge, malgré les rustines sur les pneus du vélo, malgré les rires, malgré...le temps.

T'es deuxième mec, devant il y sa mère, c'est ta place, il n'y a pas d'erreur.

Oh, il t'aime cet enfant, ne te biles pas. Mais t'es un mec, t'as pas fait un enfant. Tu tiens ton rôle, plus ou moins bien, pas de mode d'emploi, pas de formation ni de préparation.

T'élèves, éduques, instruis, t'aimes, aucun doute.

C'est cruel, mec, même au moment où tu vas y passer, restera sa mère.

C'est triste un père qui meurt, mais c'est normal, c'est la règle, un peu comme quand tu pars au boulot mais plus longtemps. Une mère qui part, ça fait pleurer, ça arrache le cœur, ça ne guérit pas.

Parce que c'est la règle des hommes, c'est bien comme ça.

Pour chaque matin

Et le pire, c'est lorsque le cœur éclate devant trop d'évidences, qu'il faut quitter la place pour taire la souffrance. Que le temps devant se dessine en errance vaine. Alors ne reste que le néant de l'inutile et cette obligation de survivre.
Et ces mots qui ne seront jamais dit, gravés au fer rouge dans une mémoire qui se voulait, pourtant, heureuse. Oui, c'est ça le pire, tout ce qui se projetait et qui n'aura pas lieu. Le souvenir des rêves devient cauchemars qui survivent aux nuits. L'enfer des vivants.
Et toute ces phrases d'adieu écrites, ou dites, ne font qu'agrandir ce gouffre béant dans lequel chute la raison.

Je me suis plongé dans un tourbillon bruyant de vacanciers, de serveurs pressés, d'odeur de mer et d'enfants laissés à la liberté que s'octroient les parents rbnbisés. J'aligne les clopes les unes après les autres. Méthodiquement.
Je dénote. Je suis seul.
À deux tables de moi, une nana me mate. Blonde, décoiffée par le petit mistral. Je suis incapable de reconnaître si elle est

jolie ou pas. Je m'en tape. Je ne suis plus prenable. L'absence habite tout.

Je hais l'amour. Et sans amour, je suis une coquille vide. Voilà, c'est la solution, devenir un bigorneau. Un connard. Ça doit être tranquille ce truc. Vu le nombre de connards accompagnés, faut croire qu'il vaut mieux laisser sombrer les valeurs.
Baisons connard.

Ma vie est un cirque, je dois être le fils non reconnu de Zapatta. Dans le numéro du clown blanc, l'Auguste. Celui qui pleure parce qu'il n'a pas de nez rouge ni de chapeau à fleur qui projette un jet d'eau dans la figure d'Auguste. Mais, toi, dans toute la légitimité de ta piste sablée, tu as enchanté ma vie, au point que tu resteras l'étoile qui se lève la première chaque soir et qui disparaît la dernière chaque matin. Au point que tu remplaceras le soleil durant mes nuits.

Bouquin et compagnie

On te dit classique, parfois mystique, souvent pudique,
On te voit aussi science, croyance quelquefois clairvoyance
Tu es pourtant souvent licence,
Caché, blotti, sous de prudents abris d'apparence angélique,
Page, recueil, roman, chapitre, bouquin, manuscrit, livret,
Autant de noms qui ne disent pas la volupté,
Pour le plus grands des plaisirs de l'imaginaire,
Seule l'innocence est absente de tes courbes et déliés,
La luxure tracée là coule en soupirs mouillés,
Tu es le maître des premiers émois extraordinaires.

Lectrice, lecteur,

Je veux te remercier,
Toi, qui a la patience de lire mon âme slave,
Je sais mes textes empreints de nostalgie, parfois de tristesse,
J'assume,
Pourtant, ils ne parlent pas tous de moi, ce sont des émotions, tu sais comme ce mot est juste dans notre quotidien,
J'écris souvent ce que je lis dans ton âme, lorsque tu me parles,
Ou quand je te vois,
L'altruisme ne me suffit pas, j'ai besoin de l'écrire,
Les émotions affectent notre vie. En bien ou en mal. Dans la réalité d'une nuit sans sommeil ou dans la clarté d'une belle journée. Toujours.
Je pense, chaque jour, à toi, qui traverse des épreuves.
J'en relativise les miennes.
J'ai en boucle tes paroles, tes souffrances, tes joies.
Je pense à toi. Intensément.
Chaque mot t'est adressé. Choisi.
Pour toi.
Courage.
Je te remercie d'être toi.

FIN